LE CHATEAU PRUSSIEN,

DRAME EN TROIS ACTES ET EN PROSE,

PAR

M. FRÉDÉRIC PATER.

IMPRIMERIE DE CHASSAIGNON, RUE GIT-LE-COEUR, 7.

1839.

LE CHATEAU PRUSSIEN,

DRAME EN TROIS ACTES ET EN PROSE,

PAR

M. Frédéric PATER.

Paris,

IMPRIMERIE DE CHASSAIGNON, RUE GIT-LE-COEUR, 7.

1839.

PERSONNAGES :

UN PRINCE DE PRUSSE.
LE COMTE DE VALBERGEN, *Prussien.*
DARMOND, *général français.*
DARMOND, *son fils, capitaine français.*
NICIAS, *lieutenant français.*
LOFMAN, *confident du comte de Valbergen.*
FRITCE, *serviteur du prince.*

VELMAUR (esclave du prince), *nègre.*
LA BARONNE DE MARBECK.
CLIMÈNE, *fille unique du prince.*
JULIE, *confidente de Climène.*
Deux capitaines français.
Deux soldats français, plusieurs serviteurs et servantes du château.

(La scène se passe en Prusse, dans un château près Magdebourg.)

LE CHATEAU PRUSSIEN,

DRAME EN TROIS ACTES.

ACTE PREMIER.

Le théâtre représente un grand salon au fond duquel est une grande porte et deux croisées ayant vue sur le jardin, un parc et plus loin des plaines. A droite et à gauche deux portes communiquant à d'autres appartemens. (Meubles de salon à la prussienne.)

SCÈNE PREMIÈRE.

LE PRINCE, LE COMTE DE VALBERGEN.

LE COMTE. Prince, que décidons-nous relativement à l'union projetée avec la princesse Climène? Je désirerais voir cette alliance se terminer bientôt.

LE PRINCE. Vous savez ce que je vous ai promis, et je tiendrai ma parole; cependant je serais d'avis qu'on attendît le rétablissement des affaires. Les Français ne sont pas encore à Berlin et je crains qu'un revers à leur fortune ne vienne troubler nos espérances.

LE COMTE. Prince, il faut espérer qu'ils n'y arriveront jamais, et que nos armes à leur tour seront favorisées par la victoire.

LE PRINCE. Nous devons l'espérer; mais quels succès pouvons-nous attendre? Nos autorités sont en fuite, les généraux dépités n'osent réprimer les soldats, et quand, dans la troupe la discipline a perdu sa puissance, adieu l'ordre, adieu la victoire. Je vous le répète, il vaut mieux attendre la fin de cette guerre. D'ailleurs, tant qu'elle durera, je ne pourrais vous compter les 500,000 florins, ni fixer le sort de ma fille.

LE COMTE. Prince, la somme viendrait plus tard.

LE PRINCE. Non, je ne ferai pas l'un sans l'autre.

LE COMTE. C'est que je crains que la princesse renonce à sa promesse.

LE PRINCE. Je ne crois pas; ma fille vous a promis sa main, et je serai le premier à lui faire tenir sa parole. Cependant je ne voudrais pas la forcer d'accepter un époux malgré son cœur. Attendons, attendons encore.

LE COMTE. Alors il serait important d'éviter de nous trouver entre deux armées, il faudrait partir au plus tôt pour Berlin.

LE PRINCE. Je ne quitterai pas mon château; si les Français s'y présentent, je les recevrai.

LE COMTE. Prince, vous allez exposer votre famille; ces troupes ne connaissent que la mort, le viol et le pillage.

LE PRINCE. Du tout, ils aiment la gloire, et ces actions ne marchent pas avec elle.

LE COMTE. Vous avez une singulière idée des Français.

LE PRINCE. C'est vrai, je les aime naturellement, et je suis persuadé qu'ils ne commettront aucune mauvaise action chez moi.

LE COMTE. Je n'en réponds pas; quant à moi, je retourne à Berlin.

LE PRINCE. Je ne vous le conseille pas.

SCÈNE II.

Les précédents, LA BARONNE, CLIMÈNE.

LA BARONNE. Prince, je ne puis vous concevoir de n'avoir point voulu quitter votre château, à présent les routes sont encombrées de convois militaires. Il ne nous est plus possible de fuir sans courir de grands dangers.

LE PRINCE. C'est inutile, vous ne serez pas plus en sûreté ailleurs.

LA BARONNE. C'est une folie ; nous allons nous trouver à la discrétion d'ennemis plus redoutables ; nous serons obligés de nous cacher.

CLIMÈNE. Les Français sont donc bien méchants ?

LE PRINCE. Du tout....Du tout....

LE COMTE. Ce sont des troupes terribles qui n'épargnent personne.

CLIMÈNE. Pourtant, je n'éprouve aucune frayeur.

LE COMTE. Parce que vous en ignorez les dangers.

LA BARONNE. Cependant, j'ai toujours entendu parler des Français comme étant très généreux, faisant la guerre avec franchise, et ces discours, ainsi que les bruits qu'on fait courir, me surprennent beaucoup.

LE PRINCE. Mais sans doute, et je persiste à demeurer ici,

LE COMTE. C'est une imprudence, on n'est jamais bien entre deux armées. Vous allez nous exposer à des violences cruelles.

LE PRINCE. Je connais les Français, j'ai vécu long-temps chez eux, et je m'y suis toujours bien trouvé. La frayeur vous fait parler, comte.

LE COMTE. Prince, mes craintes ne sont causées que par le danger qui menace votre famille.

LE PRINCE. C'est très bien ; mais je vous sais un peu poltron.

LE COMTE. Le danger est assez apparent pour que l'on prenne des précautions.

LE PRINCE. Ne craignez point ; les Français sont braves et généreux, et je réponds qu'ils ne vous feront aucun mal, d'ailleurs ils ne sont pas encore ici.

LE COMTE. Au contraire, nos troupes sont en retraite depuis trois jours, et doivent être fort proche, le bruit court que déjà leurs éclaireurs ont paru à très peu de distance.

LA BARONNE. Ah ! mon Dieu. Prince quittons votre château, retirons-nous à Berlin.

LE PRINCE. Vous ne sauriez y arriver.

LE COMTE. Il est temps encore.

LE PRINCE. Quel chemin prendre au milieu d'un désordre pareil, où voulez-vous aller sans courir des dangers ? Non, non, il est trop tard, et dans ces malheurs, il est une satisfaction d'être chez soi.

LA BARONNE. Prince, vous allez nous exposer et nous perdre tous.

LE PRINCE. Ne craignez point, demeurez.

LE COMTE. Alors, retirons nous cacher dans quelque endroit.

LE PRINCE. Restez tranquilles, vous dis-je...
(*On entend un bruit sourd de canonnade* et *de fusillade*). Mais, j'entends le canon. (*Ils écoutent. Ici tout doit marcher très lentement.*)

LE COMTE, *effrayé.* Et la fusillade.

LE PRINCE, *surpris.* Ce sont les ennemis. Ils sont arrivés bien vite....
(*La Baronne et Climène tombent chacune dans un fauteuil.*)

LA BARONNE. Ah ! ciel nous voilà perdus.

CLIMÈNE, *pleurant, couvrant son visage avec son mouchoir.* Ah ! mon dieu nous allons mourir. (*On entend aussi au loin un bruit de caisses battant la charge.*)

LE PRINCE, *écoutant toujours.* Ce sont les Français. (*au comte*) Comte, soyez attentif, à mettre l'épée à la main s'il est nécessaire. (*tirant son épée à moitié pour s'en assurer.*) Nous voilà dans une position à nous défendre et peut-être à périr....

LE COMTE, *tremblant.* Je crois qu'il serait plus prudent de se cacher.

LE PRINCE, *le regardant d'un air fier.* Nous cacher, cela n'appartient qu'à des lâches ; gardez-vous bien de le faire dans mon château.

LE COMTE. Mais, prince, nous allons être tués.

LE PRINCE. Hé bien ! attendez la mort.

LE COMTE, *à part.* Une singulière réponse qu'il me fait là. (*Il cherche autour de lui un endroit pour se cacher*).
(*Le bruit du combat augmente et approche. Ils écoutent encore.*)

SCENE III.

Les précédents, LOFMAN, FRITCE, VELMAUR, JULIE, et plusieurs serviteurs et servantes du château accourent successivement effrayés auprès du prince. JULIE, confidente de CLIMENE, se place auprès d'elle.

LE PRINCE, *fier.* Ne craignez point, ne craignez point. Les Français sont terribles au combat, mais ils sont bons et généreux ; ils respectent l'enfance, le sexe et l'âge ; c'est en vous abandonnant à eux qu'ils vous épargneront.

LE COMTE, *à part.* Tout cela ne doit pas nous rassurer.

FRITCE. Prince, ils se dirigent vers le château.

LE COMTE, *effrayé.* Vers le château.

FRITCE. Oui...

LOFMAN. Ils sont dans le parc.

LE PRINCE. Hé bien ! je les recevrai.

LE COMTE. Oh ! alors c'est fini nous voilà perdus.
(*Il court se cacher dans un coin du salon.*)

LA BARONNE, *éplorée.* Ah ciel !.... quel malheur.

LE PRINCE, *mettant la main gauche sur la*

poignée de son épée. Ne craignez point, vous dis-je.

LE COMTE, *de son coin.* Oh! les monstres, 'es voici.

SCÈNE IV.

(*Les précédents, un général français, suivi de trois officiers, tous l'épée à la main.*

LE GÉNÉRAL. Que vois-je ici? Une famille entière.

(*La baronne serre Climène dans ses bras.*)

LE PRINCE, *allant au devant d'eux.* Entrez, général.

(*Le bruit du combat semble s'éloigner.*)

LE GÉNÉRAL, *entrant accompagné de ses trois officiers.* Chez qui ai-je l'honneur de me présenter?

LE PRINCE. Chez un prince de Prusse.

(*La baronne, Climène, et tous les domestiques tombent aux genoux du général et des officiers.*)

LA BARONNE. Général, ayez pitié de nous.

FRITCE ET JULIE, *tous les mains jointes.* Grâce.. général... grâce...

CLIMÈNE, *éplorée, soutenue par Darmond.* Ne nous tuez pas... ne nous tuez pas...

LE GÉNÉRAL, *soutenant la baronne.* Rassurez-vous, mesdames. (*Au prince.*) Par quel effet vous trouvez-vous ici, prince?

LE PRINCE. Par ma confiance.

LE GÉNÉRAL. C'est très imprudent.

LA BARONNE. Général, préservez-nous.

CLIMÈNE. Chevalier, sauvez-nous.

LE GÉNÉRAL. Oui, princesse, relevez-vous. (*Elles se lèvent, et ensuite les serviteurs.*) N'ayez point de crainte; vous ne pouvez rester ainsi sans être exposés; mais je vais vous laisser une garde. (*A son fils Darmond.*) Capitaine, vous allez rester ici avec votre peloton jusqu'à nouvel ordre; vous avez la surveillance de ce château, et à ce qu'il n'arrive rien de fâcheux à cette famille, qui demeure sous votre protection.

DARMOND, *au général.* Oui, mon père.

LE GÉNÉRAL. Prince, je vous laisse mon fils pour vous protéger et vous défendre au besoin. Je suis persuadé qu'il se rendra digne d'une aussi belle mission.

LE PRINCE. Général, il est heureux pour ma famille et pour moi d'obtenir une pareille protection; veuillez agréer toute ma reconnaissance.

LE GÉNÉRAL. Prince, je vous quitte, le temps me presse. Adieu.

(*Ici le bruit du combat se fait peu entendre.*)

LE GÉNÉRAL, *à son fils.* Vous avez entendu, capitaine.

DARMOND. Oui, mon père.

LE PRINCE, *au général qui se retire.* Général

recevez nos remercîmens et nos adieux.

(*Il le conduit, plusieurs serviteurs baisent la main du général; il sort. Le bruit du combat a cessé. Les serviteurs se retirent, excepté Fritce et Julie*)

LE PRINCE. Comte, (*se retournant*) où êtes-vous donc?

LE COMTE, *sorti de son coin.* Me voici.

LE PRINCE. Voilà comme les Français font la guerre.

LE COMTE. C'est beau.

LE PRINCE. Où étiez-vous donc?

LE COMTE. J'étais là.

LE PRINCE. Caché peut-être.

LE COMTE. Du tout.

LA BARONNE. Le comte était caché.

LE PRINCE. Vous avez bien peu de cœur.

(*Il lui tourne le dos.*)

DARMOND, *à Nicias se trouvant sur la porte du fond.* Lieutenant, faites poser deux factionnaires à cette porte, et donnez la consigne de ne laisser entrer ici que les personnes du château. (*Nicias salue, se retire; on pose deux factionnaires. Allant au Prince.*) Prince, avez-vous quelques ordres ou quelques craintes à me communiquer.

LE PRINCE. Rien, capitaine, votre présence nous rassure tous.

LA BARONNE. N'est-il plus de dangers, capitaine.

DARMOND. C'est fini, rassurez-vous, mesdames.

CLIMÈNE. Mon Dieu! que j'ai eu peur.

DARMOND. Que n'étais-je ici pour vous rassurer, princesse.

LA BARONNE. Je vous remercie.

LE PRINCE. Fritce, allez ordonner que tout ce qui est nécessaire au capitaine et à ses troupes leur soit donné. (*A Darmond.*) Souhaitez-vous quelque chose, capitaine?

DARMOND. Rien, absolument rien.

LE PRINCE. Il vous plaira bien de vous rafraîchir, venez avec moi. (*Ils sortent, le comte les suit.*)

LA BARONNE. Qu'il paraît aimable cet officier.

CLIMÈNE. Oui, très aimable.

LA BARONNE. Pourtant, on les peint à nos yeux comme des monstres.

CLIMÈNE. On nous a trompées.

JULIE. Il a l'air bien doux, bien honnête.

LA BARONNE. Le prince paraît en être enchanté.

CLIMÈNE. Il me plaît beaucoup aussi.

LA BARONNE. C'est un joli garçon.

CLIMÈNE. C'est le fils du général, je désirerais qu'il restât long-temps ici.

LA BARONNE. Et pourquoi?

CLIMÈNE. Je ne sais; mais j'éprouve une satisfaction que je ne puis définir. Sa présence me rassure et porte dans mon cœur une joie que je ne puis comprendre.

LA BARONNE. Ah! j'entends, vous le préféreriez au comte de Valbergen. (*Climène baisse les yeux et ne répond rien.*) C'est une chose qu'il ne vous faut pas espérer, votre père n'y consentirait jamais.

CLIMÈNE. Pourquoi ?

LA BARONNE. D'abord, parce qu'il est étranger ; ensuite que le bruit du combat retentit encore dans nos cœurs et que ce serait en soumettant la nation qu'il aurait su vous charmer. Ainsi, malgré toute action généreuse et même l'amour qu'il pourrait avoir pour vous, jamais le destin ne peut vous conduire à un pareil hyménée. (*Climène soupire.*)

JULIE. On a vu des choses plus étranges.

LA BARONNE. Oui, mais point de cette nature, et la princesse n'a lieu d'y compter. (*A Climène.*) D'ailleurs votre mariage est fixé avec le comte de Valbergen, et il serait surprenant qu'en si peu de temps vous eussiez changé d'idée.

CLIMÈNE. C'est que le peu de courage que le comte vient de montrer me donne singulièrement à penser de sa personne. Je n'aime pas.... je n'aime pas.

LA BARONNE. Oui, j'entends, vous n'aimez pas les hommes qui ne sont pas des hommes, c'est très bien ; mais l'affaire est trop avancée pour que le comte ne soit pas votre époux, et votre père ne manquera jamais à la parole qu'il lui a donnée.

CLIMÈNE. Alors, je n'aurai donc pas un homme pour mon époux.

LA BARONNE. Vous aurez le comte de Valbergen. (*Climène soupire*).

SCÈNE V.

Les Précédentes, DARMOND *revient accompagné de* NICIAS *qui le quitte à l'instant et sort par la porte du fond.*

LA BARONNE. Hé bien! capitaine, il est plus agréable d'être ici qu'au champ de bataille.

DARMOND. Mais l'un et l'autre ont leur agrément.

LA BARONNE Ah! Vous trouvez aussi de l'agrément à vous battre.

DARMOND. Oui, madame la baronne, et de la gloire.

LA BARONNE. On voit bien que vous êtes jeune.... Quel plaisir trouvez-vous donc dans un combat?

DARMOND. Celui de braver la mort et celui de la donner.

LA BARONNE. Et celui de la donner ? Quel singulier goût! Je trouve ce plaisir un peu brutal.

DARMOND. Pourtant il n'est point de victoire sans lui.

LA BARONNE. L'effet du canon ne vous donne-t-il pas des craintes?

DARMOND. Au contraire, il nous anime, il nous presse au combat.

LA BARONNE. Mais lorsque vous voyez tomber vos camarades?

DARMOND. Nos désirs sont de les venger, et cela seul quelquefois décide la victoire.

JULIE. Ce goût ne ferait pas les délices du comte de Valbergen.

LA BARONNE. Non, très certainement; car sa frayeur serait mortelle.

CLIMÈNE. Dernièrement elle a été plus grande que la nôtre.

DARMOND. Princesse, votre sexe suffisait pour qu'on vous épargnât.

LA BARONNE. Vous ne faites donc pas de mal aux femmes.

DARMOND. Jamais.

CLIMÈNE. Pourquoi cette faveur?

DARMOND. Parce que nous les aimons toutes. (*Climène sourit, baisse les yeux*).

LA BARONNE Et les hommes ?

DARMOND. Nous respectons ceux qui respectent notre victoire et nos armes.

CLIMÈNE. Et vous tuez ceux qui ne veulent pas vous obéir ?

DARMOND. Princesse, nous les soumettons.

SCÈNE VI.

Les Précédents, LE PRINCE, LE COMTE.

LA BARONNE. Prince, nous nous occupons des Français.

LE PRINCE. C'est très bien.

LA BARONNE. Nous disons que leurs qualités militaires n'appartiendront jamais au comte de Valbergen.

LE PRINCE. En effet, comte, je me suis aperçu que vous feriez un très mauvais soldat.

LE COMTE. Prince, les actions des hommes dépendent souvent des positions où ils se trouvent ; voyant dans celle-ci plutôt la mort que la possibilité de combattre, je me retirais pour que ma présence n'irritât pas les ennemis.

LE PRINCE. Comte, votre épée, restée dans le fourreau, suffisait, et vous ne deviez point vous cacher.

LA BARONNE. Monsieur le comte désire vivre très long-temps, et par précaution, il se tint caché, laissant à la discrétion des Français, et sa future épouse, et sa famille.

LE PRINCE. Cette action ne fera jamais votre éloge, surtout prêt à devenir mon gendre.

LE COMTE. Prince, veuillez concevoir.

LE PRINCE. Vous n'avez pas à vous défendre.

LA BARONNE. Il ne vous reste que le titre de poltron.

LE COMTE. Prince, écoutez.

LE PRINCE, *lui tournant le dos.* Du tout.

j'ai vu votre action , je n'ai pas à vous entendre. (*Aux princesses.*) Allons, mesdames, allons dîner. (*A Darmond.*) Capitaine , soyez avec nous.   (*Ils s'éloignent.*)

ACTE DEUXIÈME.

Le théâtre représente l'inverse de l'acte précédent, c'est-à-dire l'intérieur de la propriété, un parterre. Bosquets à droite et à gauche. Au fond, la façade intérieure du château.

SCÈNE PREMIÈRE.

CLIMÈNE, JULIE.

CLIMÈNE. Julie, vous savez que mon cœur ne vous a jamais rien déguisé, même à l'égard du comte, je vous ai confié que je ne ressentais rien pour lui, que malgré tous mes efforts je ne pouvais l'aimer, que j'acceptais sa main plutôt pour obéir à mon père. Hé bien ! il vient de paraître à mes yeux, celui qui devait apporter le trouble dans mon cœur.

JULIE. Princesse, je n'ignore pas qui ce peut être, et le singulier amour que vous ressentez, doit vous ordonner de vous contenir, votre hymen avec le comte de Valbergen est le vœu de votre père, prétendre le contraire serait lui désobéir.

CLIMÈNE. Je ne prétends point m'opposer à ses volontés , mais je fais des vœux au ciel pour que mon père s'aperçoive de mon chagrin et qu'il renonce à me faire contracter un hymen qui ferait le tourment de ma vie.

JULIE. Princesse, celui pour lequel votre cœur bat ne peut vous épouser; ses qualités, sa nation, son rang, et même sa religion, présentent tant d'obstacles qu'il vous serait difficile de l'avoir pour époux. Cependant tout tient de votre père, et ces choses impossibles pourraient bien se réaliser.

CLIMÈNE. Ah! Julie, je n'aurai jamais ce bonheur.

JULIE. Il est étonnant que cet officier vous ait plu aussitôt.

CLIMÈNE. Lorsqu'il parut avec son père, mes yeux se rencontrèrent avec les siens; aussitôt je sentis en mon âme la plus tendre émotion, et depuis ce moment, il occupe ma pensée, il est avec moi-même; il me semble que ses qualités plairaient à mon cœur aussi bien que sa personne.

JULIE. C'est possible, mais il vous est encore assez tôt pour être à même de le juger.

CLIMÈNE. Julie, je ne me trompe pas; c'est mon cœur qui m'inspire, et je sens qu'il ferait mon bonheur.

JULIE. Princesse, il ne faut pas vous occuper de lui.

CLIMÈNE. Je ne puis, Julie, et jamais mon cœur ne saura l'oublier; hier il m'assurait de sa tendresse, étant à mes genoux. Ah! Julie, si vous saviez ce qu'il me disait.

JULIE. Qu'il vous aimerait toute sa vie, sans doute.

CLIMÈNE. Oui, de m'adorer; mais encore autre chose, et je ne puis m'empêcher de l'aimer.

JULIE. Princesse , il ne faut pas l'écouter.

CLIMÈNE. Comment faire?

JULIE. Il faut refuser de l'entendre, il faut l'éviter.

CLIMÈNE. Je l'évite, mais mon cœur le cherche, tout lui manque, et il me semble que je ne vis plus; en vain, malgré moi, mes pas suivent ses traces, et sa présence à mes yeux est pour moi le bonheur. Oh! Julie, combien je ressens de peines. L'hymen affreux qui se prépare accable mon âme, il égare ma raison, il me retire chaque jour l'existence et l'espoir.

JULIE. Princesse, calmez votre douleur; les bontés de votre père doivent vous rassurer.

CLIMÈNE. Je ne puis compter sur mon père, je lui cache mon amour, gardez-vous bien de le lui faire comprendre; vous connaissez son caractère, son zèle pour son pays, et malgré l'estime qu'il porte à la nation française comme au chevalier Darmond, je perdrais son amour paternel et son cœur.

JULIE. Princesse, vous pouvez compter sur mon silence; mais le comte de Valbergen ne peut-il plus compter sur vous?

CLIMÈNE. Julie, vous accablez mon âme.

JULIE. Le capitaine Darmond est un jeune chevalier qui plaît, qui enchante, mais êtes-vous bien sûre de la sincérité de son cœur?

CLIMÈNE. J'en réponds par le mien.

JULIE. Princesse, il est Français.

CLIMÈNE. N'importe, je sens qu'il m'aime, et je l'adore.

JULIE. Princesse, le comte vient.

CLIMÈNE. Juste ciel ! sauvons-nous.

(Elles disparaissent).

SCENE II.

LE PRINCE, LE COMTE *se promenant.*

LE COMTE. Prince, il faudrait pourtant conclure.

LE PRINCE. Je crois vous avoir fait part de mes intentions à cet égard.

LE COMTE. Oui, mais le temps s'écoule, et je sens qu il est important de terminer.

LE PRINCE. Ne pouvez-vous plus attendre ?

LE COMTE. Je le puis encore, mais ce serait en vain, car la princesse me marque une entière indifférence.

LE PRINCE. Je l'ignore.

LE COMTE. Son attention pour moi n'est plus la même ; elle porte toutes ses affections à cet officier français.

LE PRINCE, *le regardant.* Cela n'est pas possible, c'est une idée que vous vous faites.

LE COMTE. Il vous sera facile de vous en apercevoir.

LE PRINCE. J'y songerai, d'ailleurs, il n'est pas pour demeurer ici ; mais si ce que vous me dites est exact, j'aurai avec ma fille un entretien à cet égard.

LE COMTE. Vous remarquerez qu'il me tourne en ridicule et qu'elle se plaît à l'écouter.

LE PRINCE. Je ne veux point cela.

LE COMTE. Prince, portez-y vos attentions, car les Français sont d'une audace inconcevable auprès des femmes, et je ne réponds pas de ce qui pourrait arriver.

LE PRINCE. C'est très bien, j'y songerai.

(Ils disparaissent dans les bosquets.)

SCÈNE III.

CLIMÈNE, JULIE.

CLIMÈNE, *accourant empressée, tenant Julie par la main, regardant de tous côtés et lui montrant une lettre.* Julie, c'est du chevalier Darmond.

JULIE, *surprise.* Est-il possible !

CLIMÈNE, *cachant la lettre.* Il vient de me la remettre.

JULIE. Et vous l'avez acceptée ?

CLIMÈNE. Je n'ai pu me défendre.

JULIE. Oh ! princesse, qu'avez-vous fait ?

CLIMÈNE. Voyons ce qu'elle contient. *(La tirant de son sein.)* Regardez bien s'il ne vient personne. *(Julie s'éloigne et regarde de tous côtés. Elle lit la lettre.)*

« Adorable princesse, de quelle douleur ne suis-je pas accablé. Le doux nom de Climène retentit dans mon cœur, ses grâces, ses vertus, son image, m'accompagnent en tous lieux ; faut-il que je sois privé du bonheur de m'entretenir avec elle, de l'assurer de mon véritable amour et de lui donner des gages de ma foi. (*Julie est revenue auprès d'elle.*) Cette nuit, quand l'airain frémira douze fois, Darmond dans ce parterre attendra Climène; peut-il espérer le bonheur, peut-il compter sur elle ? » (*A Julie.*) Julie....

JULIE, *surprise.* Princesse.....

CLIMÈNE. Avez-vous entendu ?....

JULIE. Oui, princesse, mais....

CLIMÈNE. Quoi ?...

JULIE. Il ne faut pas.

CLIMÈNE, *cachant la lettre.* Oh ! Julie, que je suis malheureuse,

JULIE. Voici du monde, retirons-nous.

(Elles disparaissent.)

SCENE IV.

NICIAS, DARMOND.

NICIAS, *surpris.* C'est la princesse, je crois.

DARMOND, *arrivant derrière lui et lui frappant sur l'épaule.* Mon cher Nicias, elle a reçu ma lettre.

NICIAS. Ah ! déjà, diable, vous allez vite en amour, alors le rendez-vous est fixé.

DARMOND. Oui, à minuit; ainsi à 11 heures et 1/2 je me rendrai ici, et vous écarterez de ces lieux toute personne qui pourrait s'y diriger.

(Le jour baisse doucement.)

NICIAS. Oui, capitaine.

DARMOND. Aussitôt la princesse sortie du vestibule, vous donnerez aux sentinelles la consigne de ne plus laisser sortir personne, ensuite vous suivrez la princesse, mais en vous dérobant à sa vue, vous la protégerez contre toutes circonstances qui pourraient arrêter sa marche.

NICIAS. Bien, capitaine.

DARMOND. Et puis vous vous tiendrez à une certaine distance. Puis-je compter sur vous, mon cher Nicias ?

NICIAS. Capitaine, comme sur votre meilleur ami.

DARMOND. Ce n'est point l'état qui ordonne, c'est un service que je vous demande.

NICIAS. N'importe, j'ai reçu vos ordres, ils demeurent sacrés pour moi, tels que ceux de l'état.

DARMOND. Lieutenant, j'en serai reconnaissant toute ma vie, et je compte sur vous; nous avons à craindre les attentions du comte, mais avec des précautions nous saurons les éviter. Je retourne les rejoindre au salon, au revoir.

NICIAS. Au revoir, capitaine. (*Darmond disparaît*). Ça ne va pas trop mal jusqu'alors; il veut aller un peu trop vite, et je crains que la fin de l'affaire n'amène du gâchis; le comte n'est pas sans veiller à nos actions et la prudence est nécessaire.

SCENE V.

NICIAS, LE COMTE, LOFMAN.

NICIAS. Ah! voilà M. le comte de Valbergen. Bonsoir, M. le comte.

LE COMTE, *l'air triste.* Bonsoir, lieutenant.

NICIAS. Vous vous promenez, vous dissipez vos ennuis.

LE COMTE. Oui.

NICIAS. Il paraît que vous aimez la solitude, car je vous vois fort peu souvent accompagné.

LE COMTE. Oui, depuis quelque temps.

NICIAS. Elle plaît à beaucoup de personnes.

LE COMTE. Je ne la crois pas très estimée des Français.

NICIAS. Pourquoi, M. le comte? Elle est également aimée, tant qu'à moi elle me plairait beaucoup.

LE COMTE. Je suis persuadé qu'elle ne convient guère à votre capitaine.

NICIAS. Il est encore trop jeune; puis, en général, elle ne convient pas à un militaire.

LE COMTE. Je serais bien flatté de connaître ses intentions avec la princesse Climène, et ce que son imprudence prétend nous susciter.

NICIAS. D'abord, j'ignore s'il en a, et ensuite s'il voudrait me les communiquer.

LE COMTE. La baronne en est instruite, et vous les connaissez.

NICIAS. Comte! bien que je sois étranger à tout cela, je n'ai point de comptes à vous rendre.

LE COMTE. J'en doute, mais n'importe, j'entends lui apprendre à se mieux comporter.

NICIAS. Comte, je vous invite à cesser vos menaces, et vous prie de croire que des officiers français sont indignes de tout ce qui est contraire à l'honneur.

(*Il quitte et s'en va. Il fait nuit*).

LOFMAN. Le prince ne veut donc plus consentir.

LE COMTE. Il n'y faut plus penser, c'est un homme trop faible, sa bonté le rend injuste et ridicule. Comment, par les manéges de la baronne, de concert avec le capitaine, il renonce à la promesse qu'il m'a faite, à la parole qu'il m'a donnée; c'est affreux, il faut nous préparer à partir pour Berlin.

LOFMAN. Comment, le prince donnerait sa fille à un ennemi, à un de ceux qui ravage et porte la terreur dans le pays, et qui nous force aujourd'hui d'accepter une paix honteuse. Je ne puis le croire.

LE COMTE. Oui, vous dis-je, et ce qui me fâché, c'est de voir cette princesse adorer ce capitaine en cherchant à m'éviter, et le prince de ne vouloir point croire cet amour visible à tous les yeux.

LOFMAN. S'il ne voulait point vous donner sa fille, il était inutile qu'il nous retint; il faut voir à cela, M. le comte, il faut l'obliger.

LE COMTE. Je ne puis.

LOFMAN. Quoi, ce capitaine nous forcerait de retourner à Berlin sans la princesse.

LE COMTE. C'est probable.

LOFMAN. Cela serait un peu fort. (*Menaçant.*) S'il avait affaire à moi.

LE COMTE. Que feriez-vous?

LOFMAN. Ce qu'on fait aux ennemis de la patrie.

LE COMTE. Ah! oui... Mais...

LOFMAN. Oh! il ne m'échapperait pas; mais le prince ne voudra jamais d'un Français pour son gendre. Enfin je lui demanderai s'il veut rompre ou conclure.

LE COMTE. Il les aime, au contraire.

LOFMAN. Oui, M. le comte, et si vous n'avez la princesse il faudra nous venger, j'en ai déjà préparé les moyens.

LE COMTE. Cela serait possible, mais il est fort tard, retirons-nous.

(*Ils se retirent*)

SCENE VI.

DARMOND, *seul.*

DARMOND. Tout repose en silence, et l'heure enfin s'approche. Verrais-je celle que j'aime? Pourrais-je la serrer dans mes bras, lui prouver mon véritable amour et lui donner des preuves de ma foi. Mais, peut-être en vain j'espère, peut-être est-elle dans les bras du sommeil? pourtant elle a reçu ma lettre, elle a fait impression sur son cœur, et sa timidité m'a répondu pour elle. Ah! Climène, viens apaiser mon chagrin, viens partager mon plaisir, et recevoir de ma bouche le serment de mon cœur; tes charmes divins sont présents à ma mémoire, ils font aujourd'hui mon bonheur et ma peine, viens et ne te refuse point d'apaiser ma douleur. (*Il attend, se promène, et regarde s'il ne vient personne.*) Viens, adorable Climène, que ta bouche légère m'assure le bonheur de ma vie, et qu'un doux hymen te lasse couler des jours prospères. (*L'horloge sonne douze coups, Darmond les compte au douzième.*) Et douze. Voici l'heure et l'instant du rendez-vous. (*Regardant de tous côtés.*) Elle ne vient pas. (*Écoutant.*) Je n'entends venir personne. Assurément Nicias attend aussi. (*Il regarde, écoute encore.*) Qui pourrait la retenir? La crainte d'être aperçue du comte; les ombres de la nuit, si j'allais au devant d'elle, mais non, Nicias doit s'y trouver, par sa prudence il saura mieux que moi prévenir sa frayeur. Attendons encore. (*Il croise les bras et attend.*) Se jouer de mon amour, n'appartient point à un cœur comme le sien qui souffre et qui aime.

SCÈNE VII.

DARMOND, CLIMÈNE, JULIE.

JULIE, *du fond.* Le voici, princesse.

DARMOND, *ne les voyant pas.* Son cœur est sans détour.

CLIMÈNE. Oui, mais je n'ose avancer.

DARMOND. Sa bouche ne déguise rien.

JULIE. Allons toujours.

DARMOND. Cet art est inconnu chez elle.

CLIMÈNE. Mes forces m'abandonnent.

JULIE, *soutenant Climène.* Du courage, nous voilà.

CLIMÈNE *avançant.* Ah! Julie, que je ressens de plaisir et de peine.

DARMOND, *tombant aux genoux de Climène.* Ah! Princesse, quel heureux moment. (*Lui baisant la main.*) Permettez qu'à vos genoux, je vous exprime les feux d'un véritable amour. Permettez qu'en cet heureux instant, je puisse vous pénétrer du bonheur que j'implore. Oui, princesse, vos vertus et vos charmes ont touché mon imagination et mon cœur, ils ont répandu dans mon âme un sensible espoir, qui fait aujourd'hui mon plaisir et ma peine; sera-t-il bientôt ma perte ou mon bonheur.

CLIMÈNE, *tremblante.* Chevalier, modérez-vous, on va nous voir, on va nous entendre, relevez-vous?

DARMOND, *levé.* Ne craignez rien, princesse, j'ai tout prévu, nous sommes à l'abri des jaloux, des méchants; mes gardes veillent en silence, rassurez-vous.

CLIMÈNE, *à Julie.* Ciel! Tout mon corps tremble.

JULIE. Reprenez vos sens, nous allons nous retirer.

DARMOND, *à Julie.* Ah! Madame, ne me privez pas aussitôt de mon bonheur. (*A Climène.*) Adorable princesse, entendez ma prière, puis-je espérer d'obtenir votre main?

CLIMÈNE. Mon cœur vous la promet, mais je ne puis rien sans la volonté de mon père, qui malheureusement l'a déjà promise au comte de Valbergen.

DARMOND. Mais votre père vous obligerait-il de l'accepter pour époux?

CLIMÈNE. Je ne saurai lui désobéir.

DARMOND. Refusez, princesse, refusez un hymen qui va faire le trouble de votre vie.

CLIMÈNE. Je n'oserai.

JULIE. Il faut nous retirer, princesse.

CLIMÈNE. Oui.

DARMOND, *la retenant.* Encore un moment, écoutez la voix de mon cœur, refusez la main du comte de Valbergen, renoncez à un hymen qui va faire le malheur de vos jours, rejetez des propositions que votre cœur même refuse d'entendre. (*A genoux.*) Reconnaissez mon véritable amour, et recevez ma main et mon cœur; que ma flamme vous pénètre, que ma douleur vous touche, et que mes transports vous assurent l'espoir d'un heureux hyménée. Oui, princesse, ce moment sera celui de mon bonheur, il sera l'espoir de mes jours et vous garantira pour la vie mon amour sincère.

CLIMÈNE. Chevalier, relevez-vous. (*Darmond se lève.*) Je n'ignore pas votre véritable amour, croyez-bien que mon cœur est accablé de n'oser l'entendre; mais des devoirs rigoureux en imposent à mes désirs, et la mort me serait préférable. Cependant, si mon père, moins sévère, fléchissant sa volonté suprême, consentait à vous recevoir pour son gendre, je vous promets de ne point accepter d'autre époux.

DARMOND. Qu'il lui plaise pour notre bonheur éternel, et que désormais, nos deux cœurs soient unis.

CLIMÈNE. Adieu, chevalier.

DARMOND. Adieu, princesse; que mon cœur vous accompagne.

CLIMÈNE, *se retirant.* Que mon souvenir soit avec vous, adieu. Ciel! Je n'ose retourner.

DARMOND. Ne craignez point, je vous suis.
(*Il les accompagne.*)

SCÈNE VIII.

NICIAS, *seul, sortant des bosquets.*

NICIAS. Je crois qu'il est à son affaire, la princesse a l'air de l'écouter, et je vois avant peu le comte supplanté. Ma foi, il a raison, 500,000 florins et une belle princesse, sont une bonne occasion; c'est un fameux butin à enlever à l'ennemi, aussi, vous conduit-il l'affaire au pas de charge. Le comte n'aura pas seulement le temps de se reconnaître que sa future lui sera enlevée comme une tartine; mais le prince ne consentira jamais à nous entendre, bien qu'il nous estime comme Français, comme militaires, mais comme époux, c'est une autre affaire. Il marque au capitaine l'intérêt le plus noble et le plus sincère, mais cet accueil cessera bientôt, lorsqu'il s'agira de l'accepter pour son gendre, il ne consentira jamais à laisser prendre à sa fille un Français pour époux, il s'y opposera fortement. Pourtant le capitaine l'aime beaucoup, ses sentiments pour elle sont purs, sont véritables ; je ne l'ai jamais vu aussi loyal en amour, aussi tendre, aussi sincère. Est-ce parce qu'elle ne serait pas pour lui ?

(*Le jour paraît.*)

SCÈNE IX.

NICIAS, DARMOND.

DARMOND. Mon cher Nicias, je crois que s'il ne dépendait que d'elle.

NICIAS. Ah ! pardieu, depuis long-temps l'affaire serait finie ; mais son père ?

DARMOND. Ah ! lui seul pourra tout empêcher.

NICIAS. Vous pouvez vous y attendre.

DARMOND. Quel moyen pourrions-nous employer ?

NICIAS. Pour le gagner je ne saurais trop lequel ; mais pour le tromper, il n'en manque pas. Cependant, avant la ruse, employons les procédés, mettons nos moyens en évidence, il nous sera glorieux de parvenir ainsi : vous allez faire votre cour à la baronne, lui communiquer votre amour pour la princesse ; vous savez qu'elle a un grand empire sur le prince, et qu'elle n'aime pas le comte de Valbergen.

DARMOND. C'est juste, vous avez une bonne idée.

NICIAS. Confiez-lui avec adresse la douleur que vous ressentez de ne pouvoir prétendre à un pareil hyménée, n'étant point de la même nation, ni de la même fortune.

DARMOND. Oui, et selon sa réponse ?

NICIAS. Vous agirez en conséquence. Par elle, vous connaîtrez jusqu'aux intentions du prince.

DARMOND. Oui, et je vais m'approcher de la baronne dès aujourd'hui.

NICIAS. Quoique la princesse finira toujours par nous appartenir.

DARMOND. J'aimerais que son père y consentît.

NICIAS. C'est douteux, mais ne laissons aucune lueur sur ce qui vient de se passer. Voici le grand jour, retirons-nous.

(*Ils sortent.*)

ACTE TROISIÈME.

Le théâtre représente l'intérieur d'un appartement ; d'abord un salon ayant une grande porte au fond, donnant sur une salle (au vestibule), plusieurs meubles, une table ; ensuite à la droite du spectateur, une chambre avec de larges fenêtres donnant sur le salon et disposée à la vue du spectateur, et dans laquelle on distingue parfaitement un lit, etc. (chambre de Darmond).

SCÈNE PREMIÈRE.

LE PRINCE, LA BARONNE.

LA BARONNE. Ah çà ! prince, réellement pensez-vous marier Climène avec le comte de Valbergen ?

LE PRINCE. Oui, certainement ; c'est un homme respectable, très doux et tranquille.

LA BARONNE. Je n'ôte rien à ses qualités, pardieu, à cet âge, on peut être sage ; mais je soutiens qu'une jeune épouse n'est pas ce qui lui convient.

LE PRINCE. C'est à quoi j'ai déjà réfléchi ; mais ses prières pour la lui donner en mariage, ses qualités, son rang, sa fortune, et encore la promesse de ma fille m'ont fait lui garantir sa main.

LA BARONNE. Prince, il faut considérer aussi le sort de Climène ; ce n'est pas un homme de cet âge qui peut faire la satisfaction de son cœur ; croyez bien qu'elle ne l'aime pas ; et qu'elle ne l'aimera jamais. Choisissez-lui un époux qui lui convienne, un époux que son cœur aime et qui puisse le satisfaire. C'est la première dot que vous avez à lui donner, c'est son bonheur, son existence.

LE PRINCE. Que voulez-vous que je choisisse, quand elle-même a promis sa main ?

LA BARONNE. Rejetez cette promesse, et n'accablez point les jours de votre enfant ; donnez-lui un jeune militaire et elle sera heureuse, la paix va se conclure, il ne manquera pas d'officiers appartenant à de hautes familles qui ne seraient fières d'accepter la main de votre fille.

LE PRINCE. Je ne puis, je ne puis, elle est promise au comte.

LA BARONNE. Elle ne l'aime pas, elle ne sent rien pour lui.

LE PRINCE. Que savez-vous?

LA BARONNE. Elle me l'a dit.

LE PRINCE, *surpris*. Elle vous l'a dit.

LA BARONNE. Elle me l'a confié, lui tenant lieu de mère.

LE PRINCE. Elle vous l'a confié?

LA BARONNE. Oui, prince, et ne faites point son malheur; hé! quelle douleur aurez-vous quand, après lui avoir fait consentir au mariage, vous apprendrez que vous avez empoisonné ses jours des plus tristes regrets et des plus noirs chagrins?

LE PRINCE. J'y songerai, mais avant que le comte y renonce, je ne puis me rétracter de ma parole.

LA BARONNE. Prince, si sa tendre mère existait encore, elle eût prévu les chagrins qui menacent les jours de sa fille, et plus soigneuse de son bonheur que je n'ai le pouvoir de l'être, elle eût depuis long-temps rejeté les propositions du comte de Valbergen.

LE PRINCE. Cependant il est d'une des plus hautes familles de Prusse.

LA BARONNE. Oui, mais ses qualités ne suffisent pas à Climène, elles ne peuvent assurer la paix de son cœur.

LE PRINCE. L'affaire est trop avancée, je ne puis renoncer de mon fait à la parole que j'ai donnée.

LA BARONNE. Il vaut mieux renoncer à sa parole que de plonger dans les souffrances l'existence de son enfant.

LE PRINCE. Je ne puis, elle est donnée, et tant qu'il ne plaira pas au comte de me la rendre, elle est sacrée pour moi.

(*Il sort*)

LA BARONNE. Il n'en départira pas, et je tremble que le comte persiste.

SCÈNE II.

LA BARONNE, CLIMÈNE.

CLIMÈNE. Qu'a donc mon père? Il paraît courroucé.

LA BARONNE. Il ne veut rien changer à votre mariage, vous êtes promise au comte. Le comte, dit-il, vous épousera.

CLIMÈNE. Alors, je serai malheureuse toute ma vie?

SCÈNE III.

LA BARONNE, CLIMÈNE, LE PRINCE.

arrivant empressé.

LE PRINCE. Madame la baronne (*à sa fille*). Ah! vous voilà, princesse.

CLIMÈNE, *honteuse*. Oui, mon père.

LE PRINCE. Qu'avez-vous donc? Vous paraissez attristée.

CLIMÈNE. Je n'ai rien...

LE PRINCE. Veuillez donc me faire connaître le motif du changement qui vient de s'opérer dans votre esprit.

CLIMÈNE, *tremblante*. Mon père!

LE PRINCE. Hé bien! parlez.

CLIMÈNE. Je sens...

LE PRINCE. Parlez sans vous émouvoir, que sentez-vous?

CLIMÈNE. Je sens que...

LE PRINCE. Quoi!

CLIMÈNE. Que je...

LA BARONNE. Qu'elle serait malheureuse!

LE PRINCE, *à la baronne*. Paix! madame la baronne, je vous prie. (*A sa fille.*) Et pourquoi seriez-vous malheureuse?

CLIMÈNE. Je n'éprouve rien pour lui.

LE PRINCE. Vous ne l'avez donc jamais aimé.

CLIMÈNE. Jamais.

LE PRINCE. Cependant, vous avez consenti à lui donner votre main.

CLIMÈNE. Oui, mon père, mais...

LE PRINCE. Mais, quoi?..

CLIMÈNE. Je ne savais pas qu'il fallait aimer celui qu'on doit épouser.

LE PRINCE. Et vous refusez de l'avoir pour époux? (*Climène ne répond rien.*) Répondez-moi; renoncez-vous à l'épouser?

CLIMÈNE, *toujours tremblante*. Je renonce...

LE PRINCE, *courroucé*. Petite imprudente, est-ce ainsi qu'on abuse d'un homme respectable, et qu'on engage la parole de son père.

CLIMÈNE, *tombant à genoux*. Mon père, ne m'accablez point de votre courroux, je préfère vivre malheureuse et vous obéir...

LE PRINCE, *se retournant*. Allez, allez, je ne veux plus vous voir, retirez-vous.

CLIMÈNE, *pleurant*. Mon père, je vous demande pardon. (*Se retournant vers la baronne qui la soutient.*) Madame la baronne, qui prenez soin de ma jeunesse, n'accablez point mes jours, prenez pitié de ma douleur, ne m'abandonnez pas; priez mon père de me pardonner, et de me laisser renoncer à un hymen que j'abhorre. (*Elle pleure.*)

LA BARONNE, *la soutenant*. Relevez-vous, ma bonne amie, vous savez quel chagrin j'aurais de vous voir souffrir, relevez-vous. (*Climène se lève.*) Je représente votre mère. Je vous promets de tout faire pour le repos de son âme, et pour le bonheur de vos jours.

LE PRINCE. Je ne sais comment arranger cette affaire avec le comte de Valbergen. (*A sa fille.*) Retirez-vous dans votre chambre. (*Climène se retire tenant son mouchoir sur ses yeux. Elle sort.*)

LA BARONNE. Prince, vous avez entendu les paroles naïves de votre enfant, vous avez vu sa douleur, évitez-lui des souffrances éternelles.

LE PRINCE, *embarrassé*: Je ne puis, ma parole est donnée.

LA BARONNE, *avec fermeté*. Alors, prince, permettez-moi de m'y opposer. Depuis long-temps je lui tiens lieu de mère, j'ai soigné son enfance, je gouverne sa jeunesse, elle demeure sous ma protection comme si elle était ma fille; je ne consentirai jamais à un pareil mariage. Quoi! pour satisfaire à votre pro-messe, vous l'obligeriez à former un hymen qu'elle abhorre, vous exposeriez ses jours aux plus affreux tourments de la vie? Non, non, prince, le souvenir de sa tendre mère qui me l'a confiée ne s'éteindra qu'avec ma vie, et tant que battra mon cœur, ce sera pour le bonheur de son enfant. Je sens votre position délicate envers le comte de Valbergen, mais je sens aussi le malheur de Climène; je vois son sein qui se presse, et les larmes qui coulent de ses yeux. Je vois le chagrin chaque jour s'ache-miner vers son cœur; et mes yeux seront té-moins de ses souffrances, sans apporter de remède à sa douleur, non, prince, non... Ja-mais ce mariage ne se fera; et le comte y re-noncera.

LE PRINCE. Qu'il y renonce de son propre aveu, bien, mais sans cela, ne comptez point sur mon désistement, j'ai donné ma parole, et j'y tiens autant qu'à l'honneur. (*Il sort*).

LA BARONNE, *seule*. Il persiste, mais n'im-porte, quand je devrais employer toute la force de mon caractère, j'entends briser des liens pareils, et sauver ma Climène.
(*Elle s'en va, mais prête à sortir, elle rencon-tre le comte.*)

SCÈNE IV.

LA BARONNE, LE COMTE.

LA BARONNE. Ah! comte, j'ai deux mots à vous dire.

LE COMTE. Parlez, baronne, je vous écoute.

LA BARONNE. Je vous demanderai si vos intentions sont toujours les mêmes à l'égard de la princesse Climène?

LE COMTE. Toujours, madame la baronne, toujours.

LA BARONNE. C'est que celles de la prin-cesse sont changées.

LE COMTE, *surpris*, Comment?

(*Le jour baisse.*)

LA BARONNE. Oui, elle refuse de se ma-rier.

LE COMTE. Ce n'est pas possible.

LA BARONNE. Elle est bien résolue.

LE COMTE. Mais son père?

LA BARONNE. Il m'a chargé de vous faire part de cette nouvelle.

LE COMTE. Il ne se peut qu'il vous ait char-gé d'une mission semblable.

LA BARONNE. Il ne veut point renoncer à sa parole, mais il prétend ne point obliger Cli-mène qui refuse.

LE COMTE. Je vois d'où vient ce change-ment.

LA BARONNE. Vous pourriez vous tromper.

LE COMTE. De la présence du capitaine Darmond qui la recherche.

LA BARONNE. Vous êtes dans l'erreur.

LE COMTE. Je sais la vérité, j'ai des preu-ves de son amour pour lui, et avant peu (*posant la main sur la poignée de son épée*), vous saurez à qui des deux elle doit appartenir.
(*Il sort, le jour baisse encore.*)

LA BARONNE, *seule et surprise*. Quoi! l'a-mour lui donnerait-il du cœur; je ne doute qu'il sache mettre l'épée à la main, mais pour se défendre, c'est une autre affaire. Je l'engage à demeurer tranquille s'il veut vivre encore, mais il réfléchira. Pourtant sa résolution m'effraie, et je crains des suites funestes. Sans doute qu'il est allé vers le prince, je tâcherai d'y arriver avant lui.
(*Elle sort.*)

SCÈNE V.

LE COMTE, VELMAUR, *nègre*.

LE COMTE, *sur la porte du fond*. Entre, Velmaur, approche (*ils avancent*) Pendant qu'ils n'y sont pas, préparons-nous. Cette nuit, sans faute, il faut exécuter nos projets. (*Lui montrant la porte de la chambre à Dar-mond*). Vois-tu cette porte?

VELMAUR. Oui.

LE COMTE. Hé bien! c'est sa chambre à coucher. Vois-tu son lit? Remarque bien, ap-proche. (*Ils approchent, Velmaur regarde partout*).

VELMAUR. C'est bon. (*Il regarde encore*).

LE COMTE. Tu sais ce que je t'ai dit; es-tu sûr de ton affaire?

VELMAUR, *regardant encore*. Oui.

LE COMTE. Bien sûr.

VELMAUR. Oui, mais comment m'introduire ici pendant la nuit.

LE COMTE. Ces portes ne se ferment ja-mais, les sentinelles sont au dehors, mais tu te tiendras cette nuit dans mon appartement, et vers les deux heures du matin, nous des-cendrons ici.

VELMAUR. C'est bien.

LE COMTE. Puis-je compter sur toi?

VELMAUR, *avec un signe de tête.* Oui.

LE COMTE, *tirant sa bourse pleine d'or, et la lui donnant.* Tiens, voilà pour t'encourager, et si tu peux me remettre son épée, ton bonheur est assuré.

VELMAUR, *regardant le comte.* Merci, vous pouvez y compter.

LE COMTE. Ton poignard est-il en bon état?

VELMAUR, *le tirant de son estomac.* Oui, le voilà.

LE COMTE. Bien, tu lui plongeras dans le cœur, durant son sommeil; cache-le bien, examine ces lieux, et retirons-nous.

VELMAUR, *regardant de tous côtés.* C'est bon, c'est bon.

LE COMTE. As-tu bien vu; puis-je compter sur toi?

VELMAUR. Oui.

LE COMTE. Bien. (*A part.*) De ce pas, je conclus avec le prince, ou je me venge. (*A Velmaur.*) Viens, retirons-nous.

SCÈNE VI.

LE COMTE, VELMAUR, FRITCE. *prêts à sortir, ils se rencontrent avec Fritce, apportant deux flambeaux allumés. Velmaur cherche à l'éviter. Ils sortent.*

FRITCE, *seul.*

FRITCE, *s'arrêtant.* Que viennent-ils de faire ici, ils me paraissent tous deux singulièrement occupés. (*Arrivant et posant ses flambeaux sur la table.*) Le comte pense-t-il faire surveiller les actions du capitaine? Quel sujet peut l'attirer en ces lieux, à cette heure; serait-ce son départ pour Berlin? Je n'en serais pas fâché, et la princesse ne perdrait pas au change, son chagrin serait terminé, car Dieu merci, elle est à rebours des autres, celle-ci. Elle pleure pour ne pas se marier. Mais, qu'est venu faire Velmaur, avec lui; sa présence ici m'étonne beaucoup; il faut demain matin que je m'éclaircisse.

(*Il va dans la chambre de Darmond; on voit qu'il apprête le lit, et revient au même instant.*)

SCÈNE VII.

DARMOND, NICIAS, FRITCE.

FRITCE, *revenant.* Capitaine, votre lit est préparé; vous n'avez besoin de rien?

DARMOND. Rien, mon ami, merci.

FRITCE. Bonsoir, capitaine, une bonne nuit.

DARMOND. Bonsoir. (*Fritce sort.*) Si le prince consent à m'accorder sa fille, j'aurai bien du bonheur, car les prétentions du comte sont formelles; l'amour seul fit naître les miennes, et un père très souvent ne les comprend pas... Il ne voit le sort de son enfant qu'autant qu'il le prépare, et il ne sent pas ce que nous ressentons. Bien que jadis il l'ait éprouvé; mais avec le temps, tout s'oublie, tout change, les idées sont froides, les goûts sont passés; des motifs plus sages le dirigent: c'est la position, c'est l'intérêt, c'est l'avenir. Par cela, le comte pourrait bien gagner. Enfin, ce dont on désespère assez souvent nous arrive, et je crois avoir lieu d'espérer; la baronne est pour moi et Climène se refuse : ces deux choses importantes doivent en décider. Attendons, il est fort tard, il faut me reposer.

DARMOND. Mon cher Nicias, si le prince consent à me donner sa fille, je quitte le service militaire et ne sert plus que ma Climène.

NICIAS. Ce sera un service bien doux, mais il faudrait pour cela voir s'éloigner le comte de Valbergen.

DARMOND. Tel est mon espoir.

NICIAS. Vous pourriez vous tromper, la parole du prince le retient ici, et cette promesse est pour lui la moitié du contrat.

DARMOND. Cependant, la princesse s'y refuse, et la baronne se plaît à la seconder.

NICIAS. N'importe, je crois voir en lui un odieux rival qui ne renoncera que par force. D'abord, la dot a pour lui plus de charmes que la princesse, et ne serait-ce que pour cela, s'appuyant sur les promesses du prince, il fera valoir ses droits.

DARMOND. Enfin, espérons, je me crois aimé de la princesse.

NICIAS. Vous l'êtes...

DARMOND. Je me crois estimé du prince et de la baronne.

NICIAS. Vous l'êtes.

DARMOND. Hé bien! je dois espérer... attendons, lieutenant...Tout est bien tranquille dans le château; les gardes, les sentinelles sont à leur poste, le service ne se néglige pas.

NICIAS. Non, capitaine.

DARMOND. Alors poursuivez le service ordinaire, faites votre ronde; j'attends votre rapport aussitôt le jour.

NICIAS, *se retirant.* Oui, capitaine, bonsoir.

DARMOND. Bonsoir, lieutenant.

SCÈNE VIII.

DARMOND, CLIMÈNE, JULIE.

DARMOND, *apercevant Climène.* Que vois-je, Climène, ici, à cette heure! (*La prenant *par la main.*) Ah! princesse, que mon cœur ressent de plaisir. Quel est l'heureux sujet qui me procure un moment si doux.

CLIMÈNE. Une crainte funeste.

DARMOND. Parlez, princesse.

CLIMÈNE, *avec frayeur.* Un danger qui vous menace.

DARMOND. Je ne le crains point, rassurez-vous.

CLIMÈNE, *tremblante.* Ah! capitaine, un misérable, dit-on, est dirigé vers vous.

DARMOND. Rassurez-vous princesse; et quel est ce malheureux?

CLIMÈNE. Je ne sais...

JULIE. Un esclave.

CLIMÈNE. Oui, cette nuit, durant votre sommeil, doit venir vous assassiner.

DARMOND. Princesse, recevez mes remerciements.... L'infâme qui va se présenter recevra de ma main le prix de son exécrable audace.

CLIMÈNE. Prenez vos précautions, évitez le malheur, capitaine.

DARMOND. Ne craignez rien, mon ennemi n'est pas redoutable, et il paiera cher la douleur qu'il vous fait éprouver.

CLIMÈNE. L'heure s'approche, ne tardez point à vous préparer.

DARMOND. Je l'attends.

CLIMÈNE. Adieu, chevalier, je vous quitte, je ne puis rester davantage; que le ciel vous garde. Adieu...

DARMOND. Adieu, princesse. (*Lui baisant la main.*) Au revoir. (*Elles sortent.*) Voilà une singulière nouvelle; s'il n'était si tard, j'emploierais d'autres moyens; mais n'importe, qu'ils viennent, ils ne m'échapperont pas, et je vais me préparer. (*Il place son bonnet de police sur son oreiller, dispose les draps et la couverture de manière à donner à croire qu'il est couché. Sortant de sa chambre, il va souffler les deux chandelles qui se trouvent sur la table du salon.*) A présent, que le comte de Valbergen tombe entre mes mains. C'en est fait, ma Climène, et tu vas m'appartenir. (*Se promenant.*) Mais ils ne viennent pas, il est pourtant bien tard. (*Ecoutant.*) Je crois les entendre. Les voici, ils descendent le grand escalier; préparons-nous. (*Il tire son épée, et se cache dans un coin du salon.*)

SCÈNE IX.

DARMOND, LE COMTE, VELMAUR, ET LOFMAN.

LOFMAN *reste à guetter sur le seuil de la porte du fond.* Du courage, Velmaur.

LE COMTE, *du fond, bas à Velmaur.* Velmaur, approche. (*Ils avancent et marchent avec précaution.*) La porte est ouverte, le destin nous protége. (*lui montrant avec le doigt.*) Le vois-tu couché dans son lit?

VELMAUR, *tirant son poignard.* Oui, il dort...

LE COMTE, *lui frappant sur l'épaule.* Hé bien! frappe, et ne crains rien; c'est un ennemi qui veut abuser des charmes de la princesse; il menace ton prince, il cherche à nous perdre tous. Frappe, Velmaur, l'occasion est favorable, venge ton maître, et le ciel te récompensera. (*approchant de la chambre.*) Le vois-tu bien?

VELMAUR. Oui.

LE COMTE. Du courage.

VELMAUR, *regardant le comte.* Mais...

LE COMTE. Quoi! Misérable, c'est un ennemi de la patrie; tu fais ton devoir, tu défends ton prince. Frappe, te dis-je, et ne crains rien.

(*Velmaur entre dans la chambre, lève son poignard, et en frappe un énorme coup sur le lit. Au même instant, Darmond arrive derrière lui, le terrasse et le tue.*)

VELMAUR, *expirant.* Ah! Ah!

LE COMTE, *caché derrière la porte de la chambre, joyeux et se montrant.* C'en est fait, il expire. (*Surpris, apercevant Darmond sortir de la chambre, il recule aussitôt en tirant son épée pour se défendre, mais à peine croisée, il se sauve à toute force. Lofman disparaît aussi.*)

DARMOND, *le poursuivant jusqu'au vestibule.* Va, malheureux! je te rejoindrai. (*Revenant.*) Avant peu, tu sauras connaître celui que ta vile audace prétend menacer.

SCÈNE X.

DARMOND, FRITCE.

FRITCE, *un flambeau à la main.* Qu'est-ce qu'il y a, qu'est-ce que j'entends donc? (*A Darmond.*) Avez-vous besoin de quelque chose, capitaine?

DARMOND. Non.

FRITCE. Il me semble avoir entendu du bruit, des cris. Que vois-je, du sang après votre épée!

DARMOND. Vois dans ma chambre ce misérable venu pour m'assassiner.

FRITCE, *courant à la chambre.* C'est Velmaur, l'esclave du prince. (*Venant et posant sa chandelle sur la table.*) Mon Dieu! que va-t-il dire; je vais le chercher.

DARMOND, *remettant son épée.* Cours, va,

il est bien mort, et si j'avais attrappé son
maître, il ne l'aurait pas échappé, mais je
saurai le rejoindre et le corriger. Il faut que
cette affaire m'assure la main de Climène; Il
faut qu'à l'instant le prince consente à m'accepter pour son gendre, sinon, je fais peser
sur lui, conformément aux lois de la guerre,
toutes les circonstances de cet attentat, et
m'empare de sa fille.

SCÈNE XI.

DARMOND, LE PRINCE, LA BARONNE, FRITCE.

LE PRINCE. Mon cher capitaine, que je
suis désespéré de ce malheur. Que je suis
peiné qu'une affaire semblable soit arrivée
dans mon château; je vous prie de croire sincère l'estime que j'ai pour vous, et que ma
personne et ma maison sont étrangères à ce
crime.

DARMOND. C'est ainsi que je le juge, néan-
moins, sans la princesse, votre fille, qui dai-
gna m'avertir au milieu de la nuit, j'étais in-
failliblement assassiné.

LA BARONNE. Juste ciel!

LE PRINCE, surpris. Ma fille!

DARMOND. Oui, prince, elle m'a sauvé la
vie; et vous lui devez la vôtre.

LE PRINCE. Où est-elle? (A Fritce.) Allez la
chercher.

*Fritce, prêt à sortir, rencontre Climène, suivie
de Julie et de Nicias.*

SCÈNE XII.

Les précédents, CLIMÈNE, JULIE ET
NICIAS.

CLIMÈNE, *accourant éplorée, et se jetant aux
genoux de son père.* Mon père, je vous demande pardon; c'est mon imprudence qui
cause tous ces malheurs. J'ai voulu sauver la
vie du capitaine Darmond, notre protecteur,
la vie de celui que mon cœur aime, de celui
que je vous demande pour mon époux.
(*Elle est évanouie entre les bras de la baronne
et de Julie, qui la soutiennent.*)

LA BARONNE. Prince, accordez-lui.

LE PRINCE, *embarrassé.* Je ne puis... je ne
puis...

JULIE. Elle va mourir.

LE PRINCE. Où est le comte?

FRITCE. Prince, il est disparu cette nuit,
accompagné de Lofman, fuyant avec empres-
sement du côté de Berlin.

NICIAS. Prince, je suis témoin de cette fuite.

LE PRINCE. Ah! c'est différent, il se sauve,
c'est qu'il est coupable.

LA BARONNE. Prince, faites leur bonheur.

DARMOND, *aux genoux du prince.* Prince,
je vous prie.

LE PRINCE, *à Darmond.* Mais, l'aveu du
général, votre père?

DARMOND, *lui présentant une lettre.* Il y
consent.

LE PRINCE. Alors, ma fille, vous avez sauvé les jours de votre époux. (*A tous deux.*)
Relevez-vous, mes enfants. (*Ils se lèvent; Climène, soutenue, est toujours évanouie.*) Soyez
unis, puisque le ciel commande, et que ces
malheurs soit un sacrifice à votre prospérité.